DU PRINCIPE

DES

GOUVERNEMENS.

IMPRIMERIE D'HIPPOLYTE TILLIARD,
RUE DE LA HARPE, N° 78.

DU PRINCIPE

DES

GOUVERNEMENS.

DES PROGRÈS

DE L'ESPRIT HUMAIN

DANS L'ÉNONCÉ DE CE PRINCIPE,

DEPUIS LES TEMPS ANCIENS, CEUX DE CICÉRON, ET CEUX RÉCENS DE MONTESQUIEU.

O Patrie ! je voudrais te servir.

A PARIS,

CHEZ LES MARCHANDS DE NOUVEAUTÉS.

1824.

A Monsieur de Villèle,

MINISTRE DE SA MAJESTÉ.

MONSIEUR LE MINISTRE,

J'ai l'honneur de vous adresser cet écrit : j'ai essayé d'exprimer ce que je crois vérité.

Vous avez dit « qu'il fallait jouer cartes sur table ! » C'est demander que tous nous agissions avec franchise, avec sincérité.

J'interroge la raison publique. C'est à elle, c'est aux personnes éclairées, à me combattre ou à m'absoudre.

J'ai l'honneur, monsieur le Ministre, de vous saluer avec respect.

Le comte DE FRANCLIEU,

Électeur au département de l'Oise.

Senlis, 1er février 1824.

AVANT-PROPOS.

~~~

PUBLIANT ces observations, puis-je espérer qu'elles soient accueillies, adoptées ? Je le désire... sans l'espérer.

Pourquoi donc les faire? Parce que je les estime vraies; que je les crois nécessaires.

S'il faut que le mal s'opère, faible individu, j'aurai fait tout ce que je puis pour le prévenir : du moins à l'avance aussi par moi l'on sera averti; l'on n'aura pas péché par ignorance.

Mes propositions, pour être paralysées, ne seront pas discutées. S'il en est fait quelque mention, elles seront dites une vaine utopie, les
~~~

rêveries d'une imagination déréglée, qu'il faut reléguer au pays des chimères.

Le bien être impossible parmi nous! par qui donc serions-nous conduits ?

J'essaie de préciser sur l'art social nos connaissances acquises.

En ce moment, s'il faut qu'elles soient rebutées, à l'avance aperçues, plus tard, quelqu'un de grand peut s'en saisir, les faire admettre.

C'est une semence jetée au sein de la nature, qui peut la féconder.

S'il se peut, marquons notre point d'arrivée : que nos fils le dépassent !

Incertaine, notre vie fuit comme l'ombre. Sera-t-il temps de parler, enseveli dans la nuit des tombeaux ?

DU PRINCIPE

DES

GOUVERNEMENS.

Jadis, au temps de Cicéron, et naguère encore, l'art social consistait à distinguer trois sortes de gouvernemens :

Celui d'un seul, celui de plusieurs, et celui de tous.

Le premier, unique, dépendant d'une volonté plus ou moins arbitraire ;

Le second, d'une aristocratie plus ou moins étendue ;

Le troisième, sous le nom de démocratie, le peuple en masse prononçant sur les affaires publiques.

Successivement les passant en revue, les publicistes apercevaient les avantages de chacun d'eux. Bientôt, sentant l'impossibilité de les contenir, ils en signalaient les dangers.

D'abord ils s'écriaient : Le gouvernement

d'un seul est préférable! Quand la volonté est unique, partout il y a accord. Il est de l'intérêt du maître que tout marche bien. S'il attire tout à lui, ses désirs bientôt sont satisfaits; le terme de ses besoins, de ses caprices, est promptement atteint. Généralement il gouverne d'après des lois antérieures : son autorité tempérée nécessairement est la meilleure.

Mais bientôt ils se dirent : L'homme est périssable, et tout change avec lui. Tantôt les rênes de l'État sont roidies, et tantôt elles flottent au hasard abandonnées. Les caractères successivement sont les plus opposés : l'un est doux, tranquille; l'autre est véhément, emporté, fanatique; celui-ci est conquérant, celui-là débonnaire; l'un suit la justice; l'autre est superstitieux, dissimulé, subtil....

Chargé d'un État étendu, il ne peut tout voir par lui-même. Forcément à d'autres il se confie. Il va se laisser circonvenir; entouré, il ne sera plus possible de l'approcher. S'il veut être accessible, on lui dira ses jours en danger; l'on se chargera de voir pour lui. De tous côtés seront fermées les portes de la pensée. L'intrigue l'assiége; elle occupe toutes les avenues et jusqu'aux marches du trône, et souvent même elle ose noircir de son venin, de ses calomnies, la personne qui commande. En vain son épouse serait-elle un modèle de grâces, de beauté, de bonté, de sagesse, elle sera flétrie aux propres yeux de son époux. Ligués, ses courtisans corrompent ses goûts pour régner sous son ombre. Autant de ministres, de délégués, autant de maîtres. Il n'est permis de se plaindre d'aucun; toute réclamation est taxée d'insubordination, de révolte. Qui pourrait modérer leur pouvoir? Parler de droit public c'est mériter la mort.

L'aristocratie, dit-on, est le choix des sages; il faut l'embrasser.... Mais elle a produit le triumvirat, les décemvirs, les conseils de Venise, ceux de l'inquisition.... L'aristocratie est jugée; elle est le pire des gouvernemens.

Enfin vient la démocratie. Ici c'est le peuple lui-même. Il est appelé à prononcer sur ce qui le concerne, sur ses propres intérêts. Il n'aura garde de se tromper, ou, averti par le malaise, il saura revenir sur lui-même. Tout sera fait à découvert; chacun peut disserter, juger, se faire entendre. Pour mériter ses distinctions, pour obtenir ses faveurs, il faudra faire le bien, et l'on sera vertueux quelquefois par ostentation, peut-être par ambition; mais du moins le bien sera produit, et les forces publiques atteindront leur dernier terme, puisqu'il y aura accord de tous, unité d'action.

Unité d'action, reprend-on ; dites-donc fureur des partis. Connaissez les hommes : pour le plus grand nombre ils ont soif de richesses, de pouvoirs, d'honneurs. Ils veulent, et sans travail, tout avoir à la fois et au plus vite. A défaut d'amis (l'amitié naît sous les auspices de la vertu), ils se font des créatures; ils forment des coteries, des factions, pour capter la puissance. Rien ne se décide que par cabales et par brigues. C'est le flux et le reflux de la mer agitée. Au forum l'homme réfléchi, délicat, se tient à l'écart; il attend qu'il soit appelé; ou si, agité par le désir, par le besoin de servir la patrie, espérant arrêter une multitude égarée, il veut élever la voix, à l'instant par mille cris elle est étouffée; ses intentions généreuses sont dénaturées.

Modeste, timide, d'autant plus qu'il vaut davantage, il craint de se mettre sur les rangs, estimant qu'il ne fera jamais aussi bien que son cœur le désire; il pense que toute fonction publique est une charge, un fardeau difficile à soutenir, et ne doit point être un moyen de fortune.

L'intrigant, l'ambitieux partout se montre;
ses discours emmiellés déguisent le poison
qu'ils distillent. Ne sont-ils pas payés par l'or
de Philippe, d'Albion? Il flatte les passions
de la multitude; il les excite, il l'égare. En
tous les groupes il se fait prôner, et lui-
même il se vante. Le peuple abusé répète son
nom.

Et quel fonds peut-on faire sur les suffrages
du peuple, volage, défiant, inconstant. Toujours agité, il brise avec fureur l'idole qu'il
encensait la veille. Jouet de l'imposture, il
adopte les seuls avis emportés. Toujours ver-
satile au sein des factions; au-dedans voulant
des largesses, des spectacles, des fêtes; au-
dehors dominateur, il condamne Socrate et
bannit Aristide.

A ces raisonnemens, à ces faits, qu'ont
répondu les publicistes?

Ces divers gouvernemens distincts bien peu
de temps opèrent le bien que l'on pouvait en
attendre. Les abus naissent et bientôt s'ac-
croissent, se fortifient, s'entassent. Tout est
dénaturé. Les révolutions se préparent et s'ef-
fectuent : tout se confond. Les peuples, sans
règles fixes, sans base, sont la proie des événemens. Successivement les partis en dispo-

sent. Plus d'arts, d'industrie, de lumières; plus de moralité.

Enfin, par la force l'un va prévaloir; ou (s'ils ne passent pas sous un joug étranger), affaiblis mutuellement dans leurs luttes sanglantes, ils s'accorderont par des concessions réciproques.

C'est ce mode dernier que d'accord avec les faits les publicistes embrassaient. « Puisque » aucun de ces gouvernemens, ont-ils dit, ne » peut se modérer par lui-même, tempérons » l'un par l'autre. Que celui que nous créerons » tienne à la fois des trois gouvernemens » connus; qu'il soit un composé des trois; » à la fois celui d'un seul, de plusieurs et » de tous; qu'il soit un attermoiement, » un accord, une transaction au milieu des » combats. »

Est-ce au sein des troubles, sous l'oppression des armes, dans l'exaspération des partis, ou dans leur lassitude, qu'un contrat social peut se méditer, se débattre, être dicté? En de telles situations toute transaction est un malheureux, un monstrueux amalgame d'élémens opposés, qui jamais ne seront en rapport, en harmonie entre eux. Chacun aux dépens des autres veut attirer l'État à soi. Entre eux la lutte est établie ; l'autorité d'un seul veut prévaloir. Trop faible contre les deux autres partis s'ils s'unissaient, irrésolu, incertain, alternativement il soutient, il flatte l'un, puis l'autre ; pour se les attacher il est forcé à des sacrifices, à des concessions qui lui sont dangereuses. Malgré lui il sera emporté. Toujours il est forcé de confier son pouvoir ; l'aristocratie, qui l'enveloppe, le déborde, prétend s'emparer de toutes les issues : dominatrice insatiable, elle rapporte à elle seule l'humanité tout entière.

Le peuple, agité par de continuelles secousses, par de continuelles tempêtes, dépouillé successivement de tous droits, de toute garantie, sentant qu'il n'est plus rien de fixe, qu'il n'est rien sur quoi il puisse se reposer, s'appuyer, rompra-t-il toute digue? Conduit par un nouveau Spartacus, va-t-il franchir toute barrière, tout immoler dans sa fureur, confondre l'oppresseur et l'opprimé, *maintenir l'homicide peine de mort;* des prisons les traîner au supplice; et ramener un nouvel Attila se substituant à l'anarchie?

Ces tableaux ne sont point outrés; ils sont l'expression de l'histoire des hommes de tous les temps et de ceux de nos jours.

Mais s'il ne nous faut pas d'accord entre des partis impossibles à concilier, à pondérer ; s'il ne nous faut pas un amalgame d'élémens opposés, contradictoires, qui loin de se modérer l'un par l'autre, toujours ennemis, désunis, tendent toujours à se séparer, à prévaloir l'un sur l'autre et à se détruire ; si une expérience trop constatée nous signale les dangers de chacun des trois gouvernemens précités, distincts, quel gouvernement pouvoir leur substituer, et quel en peut être le principe ?

Avant d'offrir une réponse simple et positive à chacune de ces deux questions, j'ai besoin d'offrir quelques considérations générales. Je jetterai ensuite quelques regards autour de nous, afin d'en amener de soi-même la solution, et pour l'entourer de tous moyens de conviction.

De la Société.

Une société est une mise en commun, une association entre plusieurs dans un but fixé. Se proposant un mutuel avantage, ils se réunissent de leur plein gré ; libres de toute contrainte, ils spécifient les conditions auxquelles ils s'allient, l'objet qu'ils se proposent, et déterminent les moyens de l'obtenir

Si leurs conventions, leurs statuts sont ta-

.cites, non écrits, bientôt la tradition, obscurcie par le temps, en devient incertaine, altérée, effacée.

La naissance des sociétés nous importe peu relativement à l'objet de cet écrit. Nous ne pourrions l'établir; elle est perdue dans la nuit des temps.

De nos jours de nouvelles se sont formées. Elles sont le produit d'émigrations, de colonies, de violences, de naufrages. Leur premier gouvernement est l'effet des circonstances qui les font naître.

En leurs premiers temps, leurs rapports tant intérieurs qu'extérieurs doivent être peu nombreux. Long-temps elles peuvent être la proie d'événemens fortuits, amenés, soit par des causes extérieures, soit au-dedans par le défaut de communications faciles, l'isolement où les mettent leurs occupations, leurs travaux forcés, le manque de connaissances acquises, et par l'effet de passions délirantes.

Éclairées enfin par de nouveaux besoins, par l'expérience, par de nouvelles lumières, elles doivent vouloir jeter sur elles-mêmes un regard attentif, et soumettre aux calculs de la réflexion la plus approfondie les termes de leur association, les bases de leur contrat.

2

Le premier principe de toute société particulière est l'assentiment libre des contractans;
en une société déjà formée, il est l'entière
dépendance, la subordination de son contrat
aux suffrages libres de sa majorité.

*its de
é.*

La société, se composant de l'ensemble
des individus qui adoptent son contrat, par
lui, pour l'intérêt de tous, elle ne reconnaîtra
et n'accordera la plénitude des droits de cité
qu'à ceux de ses membres offrant en eux-
mêmes une garantie jugée suffisante d'un
même besoin, d'un même amour de l'ordre,
d'un même intérêt à la satisfaction de tous
devoirs publics.

A ceux qui n'offriraient pas cette garantie
nécessaire, forcée, réduite à ses moindres
termes, les devoirs de membre de la cité seraient onéreux, et pourraient n'être pas
remplis.

Ils consistent principalement à émettre en
toute occasion une voix libre et franche sur
l'ensemble du contrat, et généralement à remplir avec fidélité et énergie tous les devoirs
qui lui sont prescrits par le contrat.

*x qui
provi-
ient
s.*

Ceux non encore revêtus du droit de cité,
n'en sont pas moins membres de l'État. En
tout ce qui s'accorde avec leurs facultés, ils

contribuent à la gloire, à la force publique. L'usage du droit de cité n'est vis-à-vis d'eux que suspendu, pour leur appartenir aussitôt toute condition suffisante remplie.

La première loi sociale, je le répète, est la dépendance du contrat, son entière et constante subordination aux suffrages libres de la majorité des membres de la cité.

Elle constitue la souveraineté publique, inhérente à la masse.

Jean-Jacques, cet homme profond, notre maître, qui le premier a su embrasser l'art social dans toute son étendue et en a marqué le terme, a reconnu la souveraineté publique une, inaliénable, imprescriptible.

La société seule est souveraine d'elle-même, seule elle peut disposer d'elle-même, prononcer sur elle sans division et sans partage.

Elle né peut s'aliéner; elle cesserait d'être souveraine; elle cesserait d'être société pour n'être plus qu'un ramas d'individus serviles.

Si ses droits sont envahis, elle est violée. Ses droits interrompus sont sans exercice; mais ils ne peuvent être prescrits. Celui qui les tiendrait asservis serait lui-même trompé dans ses vrais intérêts, inhérens à ceux de la masse. Le bonheur n'est pas dans une grandeur

factice, toujours pénible, et souvent dange-
reuse.

De l'exercice
du pouvoir
souverain.

Fort de son expérience, de ses lumières, le corps social ne se régira pas par lui-même. L'acte de sa souveraineté consistera à consentir son contrat; à le faire revoir et à la demande réfléchie, répétée, des membres de ses principales autorités centrales, d'une partie déterminée de ses assemblées d'élection, *véritables assemblées sections de la souveraineté*,

Et à époques fixes, 1° pour s'assurer que sa voix souveraine ne puisse être éludée, étouffée; 2° pour forcer le corps social lui-même à s'occuper de ce qui le concerne, et enfin pour la satisfaction des générations successives.

Raisonne-
ment que je
redis
sans cesse.

Les siècles antérieurs n'ont plus de droits sur nous. Avec reconnaissance, avec respect, la génération actuelle profitera des travaux, des lumières, des fautes mêmes de la génération passée; elle dispose du moment présent; elle pressent l'avenir; elle est sans pouvoir sur la génération qui la suit.

Majeur, l'homme est émancipé. Jusqu'à quel temps durerait sa tutelle? Quand aurait-elle dû commencer? Quand devrait-elle finir?

Tous les vingt-cinq ans, j'estime que le tiers de la population active est changé. Je fixerais à ce délai, à ce terme, la révision nécessaire du contrat, sauf à la voix souveraine, à sa volonté (la révision opérée), à rejeter, s'il lui plaît, tout changement qui lui serait proposé.

Mais l'émission des suffrages, des votes des membres de la cité ne sera point illusoire. Devant prononcer souverainement en masse sur tout ce qui les concerne, sur le contrat social, et obéir eux-mêmes aux conditions qu'ils s'imposent, les suffrages publics des membres de la cité, libres et francs, ne doivent pouvoir éprouver nulle influence étrangère.

Dans mon opinion, la conduite des membres d'autorités constituées, créées par le contrat pour lui obéir et lui rester subordonnées; l'influence de ministres dictans des choix, prescrivans des votes, est un crime de lèse-souveraineté publique, de lèse-nation au premier chef, digne de toute honte et de tout châtiment.

Mieux vaudrait, à mon avis, n'avoir point d'institutions généreuses que de les voir corrompues dans leur source. Par-là la volonté souveraine est méconnue, détournée, faussée;

tel n'est point sans doute ni l'intérêt, ni la volonté de sa majesté.

Un ministre posé par elle, par sa majesté, pour veiller à l'observance des lois, pour activer leur exécution, leur action, ne peut faire que ce que la loi lui prescrit. Responsable de ses actes, il est par sa majesté toujours révocable.

L'administration de l'État exige le concours, le travail de beaucoup d'agens. Ainsi que le ministre, ils sont soldés par le trésor public, sur les contributions communes. Leurs fonctions sont particulières, distinctes et positives; ils devraient ne pouvoir être destitués que par un jugement.

L'employé de l'État, soldé par l'État, appartient à l'État, à la masse; ses fonctions tiennent à l'intérêt public. Comment un ministre amovible, payé lui-même par le trésor public, *par nous et pour nous,* ose-t-il prescrire à ces fonctionnaires de l'État leurs votes en les élections publiques, et, sous peine d'être chassés de leur poste, leur commander d'user de toute leur influence pour amener la masse à son choix, à le faire tomber sur sa créature, qui par-là se trouvera chargée de l'examen de ses comptes, de la révision de ses propositions.....

Un employé de l'État n'est point un être dégradé. Surveillé par un ministre il n'est pas son esclave; il ne lui appartient pas du tout : il est à l'État; il doit à la patrie le prononcé libre d'une conscience éclairée.

Le vote du membre de la cité ne sera point illusoire; telle n'est point la volonté de sa majesté.

Et qui a pu proposer la nouvelle loi sur les suffrages, si l'intérêt public se compose de l'ensemble réuni de tous les intérêts? Tous les membres réunissant les conditions exigées pour l'exercice des droits de cité ont nécessairement des devoirs égaux à remplir. Donner à une partie d'entre eux un double vote me paraît une monstruosité, opposée à l'égalité devant la loi, tendante à diviser les esprits, à susciter deux intérêts, quand il n'en doit exister qu'un général; détruisant cette unité de vues, d'action, ce besoin d'un ordre favorable à tous, protecteur non d'une seule classe particulière, mais de toutes, ordre positif et certain, seul gage d'accord et de prospérité publique.

La loi concernant l'émission de la volonté souveraine, la liberté, l'indépendance des votes, le mode des élections, ne sera point seulement réglementaire, sujette à interprétations diverses ; mais la plus importante, puisqu'elle détermine les actes de la souveraineté publique, elle formera un des articles distincts du contrat.

Si le vote du membre de la cité n'est pas l'expression franche et libre de sa volonté, qu'il doit avoir tous les moyens d'éclairer, il est faux, opposé à son but ; il sert la tyrannie. Mieux vaut qu'il n'en soit point émis : il est illusoire ; il revêt l'oppression des formes d'une liberté feinte. Telle n'est point la volonté, l'intérêt de sa majesté ; tel n'est point l'intérêt public.

Du besoin de la manifestation de la volonté souveraine.

Par son contrat, le corps social confie aux institutions qu'il crée, et qui nécessairement lui restent subordonnées, la satisfaction de ses devoirs publics. Il les établit distinctes, se coordonnant entre elles, et marchant, chacune en ce qui la concerne, le plus directement au même but.

Le peuple ne gouvernera pas par lui-même. Son expérience, ses lumières acquises le lui interdisent ; mais il se réserve l'exercice de ses droits souverains. Il adopte son contrat, et consent ou rejette à son gré les modifications, les changemens qui lui sont proposés conformément au contrat.

Cette révision, ce retour du corps social sur lui-même, aura lieu (ainsi que je l'ai établi) en toutes occasions prévues et à époques déterminées. Je les fixe à vingt-cinq années.

Il est impératif. Qui dans la confection du contrat pourra penser avoir tout prévu, et pour les temps présens et ceux qui doivent suivre, avoir paré à tous abus, et pressenti tous les rapports qui doivent naître.

Autour de nous tout se meut; tout nous apporte de nouveaux besoins, de nouvelles lumières. Qui d'avance se flattera de les avoir saisis?

Pour les adopter, non pour être emporté par les circonstances mobiles, mais pour les diriger, pour les pouvoir maîtriser, et marcher avec les lumières dans un à-plomb et en même temps une amélioration constante, le corps social sera fidèle au principe de sa formation que la raison avoue, *de la manifestation franche et libre de sa volonté souveraine.*

S'il s'interdit de peser par lui-même les changemens dont son contrat peut être susceptible, il ne souffrira pas qu'ils puissent lui

De l'exclus[ion] forcée d[e] tout memb[re] du gouve[r]nement d[...]

la proposition de changemens à apporter au contrat.

être présentés, qu'il en soit pris connaissance par les membres d'autorités chargées de les réclamer, devant toujours rester subordonnées au contrat, expression de la volonté souveraine, devant se renfermer dans leurs attributions, et dès lors ne pouvant les dicter.

De la fausseté du principe d'omnipotence parlementaire.

Une autorité constituée n'est pas le souverain.

Les changemens que ces membres proposeraient, les attributions dont il leur plairait de se gratifier eux-mêmes, seraient en raison de leur intérêt propre, particulier, au détriment du bien-être public. Créés à cette seule fin, ils restent assujettis à cette volonté souveraine. Peuvent-ils lui commander? Ils lui doivent obéir.

Du corps constitutif chargé de faire toute proposition d'amélioration au contrat.

Cette révision, la proposition de tout changement au contrat, sera confiée à un corps distinct, ayant cette seule attribution. Sous le titre de corps constitutif, il sera composé de membres nommés à chaque appel *ad hoc* pour un temps déterminé (au plus de cinq mois). Chargé de prendre connaissance de tous projets d'amélioration qui lui seraient adressés, s'étant divisé par sections, dans le délai prescrit, il offrira toutes propositions; elles seront présentées au choix, à l'acceptation de la masse des membres de la cité réunis en leurs divers chefs-lieux. Leurs assemblées porteront leur titre vrai d'*Assemblées sections de la souveraineté*.

Leur mission terminée, de quatre ans, les membres du corps constitutif ne pourront faire partie d'aucune autorité centrale, ni en recevoir aucune faveur, ni eux ni leur famille. Le corps social veut qu'ils rentrent dans la condition de simples citoyens, afin de s'assurer qu'ils n'auront eu en vue qu'un intérêt général et commun.

A ces considérations j'ajouterai une observation particulière, fruit des circonstances; elle a la France pour objet.

Messieurs les ministres, dit-on, en la session prochaine des chambres, doivent proposer le renouvellement intégral de la chambre des députés, et demander qu'elle soit rendue quinquennienne ou septennaire; c'est-à-dire que les députés en seraient nommés en masse pour cinq ou sept années, au mépris des termes précis et formels de la Charte qui nous régit.

D'une chambre députés q⟨ui⟩ quennie⟨r⟩ ou septenna⟨ire⟩

Les motifs, dit-on, de ce changement, sont que le renouvellement annuel du cinquième des membres de la chambre amène une agitation fatigante pour messieurs les ministres. Les peines qu'ils se donnent pour diriger une élection n'étant pas plutôt cessées pour d'une série, qu'il faut qu'ils s'occupent en d'autres lieux de celle de l'année qui suit.

Tandis qu'un des ministres de sa majesté déclare qu'un de ses vices habituels est la *paresse,* déjà, il y a peu d'années, un autre ministre alors en place annnonça qu'appelé à surveiller l'exécution des lois, pour gouverner il lui fallait l'*arbitraire !* Singulière disposition de messieurs les ministres ; lois et arbitraire semblent opposés ! Avec l'arbitraire, où sont les traces de la souveraineté publique !

D'après ces aveux de messieurs les ministres, quels sont ceux que successivement nous devons encore attendre ?

Les élections annuelles par série les fatiguent !

Mais pourquoi prennent-ils une si grande peine, à mes yeux criminelle ? Doivent-ils influer sur les élections, dicter le choix de ceux appelés à vérifier leur conduite et leurs comptes ? Quelle loi les y autorise, ou plutôt le leur commande ? Car l'individu particulier peut faire tout ce que la loi ne défend pas ; le ministre ne peut faire que ce qu'elle lui prescrit. Établi pour assurer l'exécution des lois, maintenir l'ordre, pour protéger la liberté publique, il ne peut faire l'opinion publique. S'emparer des élections, les dicter (on ne peut trop le répéter), est un délit public, un crime de lèse-nation au premier chef, digne de tout châtiment.

Le renouvellement annuel du cinquième de la chambre, s'il est (ainsi que le prescrit la lettre et l'esprit de la Charte) l'expression du suffrage franc et libre de la masse, que je voudrais qui fût éclairée par les propositions des divers électeurs, énoncées à l'avance sur une liste de ceux qu'ils offriraient à l'acceptation des suffrages, et qui par eux provisoirement seraient débattus,

Ce renouvellement, dis-je, par cinquième, est, je l'estime, la plus heureuse conception, soit qu'il rappelle d'anciens membres, honorés déjà de la confiance, de l'estime publique, soit qu'il en amène de nouveaux, produits d'une opinion récente. Appelés à en indiquer l'esprit, à raviver une onde étendue et tutélaire, à s'élever contre des partis qui pourraient être fomentés, observateurs encore sans expérience, ces nouveaux députés généralement se forment dans le silence ; ils laissent parler avant eux ceux qui les ont précédés dans la carrière. Ils se défient d'un premier mouvement ; ils sondent les dispositions de l'État ; ils proposent leurs doutes ; ils offrent souvent des lumières ; ils vont développer le plus heureux caractère. C'est joindre à la fois les connaissances acquises aux élans d'une nouvelle énergie.

Dans un renouvellement intégral, subit, pour cinq ou sept années, tout offre en premier lieu l'incapacité, le tâtonnement de l'inexpérience, pour être suivie de toute la pesanteur et de la négligence de la routine. Messieurs les ministres maintenant font les élections ; ils ne se fatigueront plus pour les refaire. Quinquenniens, septennaires, bientôt messieurs les députés seront perpétuels : ne deviendront-ils pas héréditaires ? Messieurs les pairs le sont ; jadis les maires du palais le devinrent. Sur eux, sur leurs familles se concentreront les grâces, les pensions, les places, les faveurs. Les propositions de messieurs les ministres à admettre, leurs comptes à vérifier, ne seront plus l'objet que d'un examen feint, factice, simulé, tout à l'avantage d'un pouvoir ministériel, écrasant pour la masse. Non, telle n'est point la volonté de sa majesté ; elle ne se sépare pas des intérêts vrais de la France.

Mais qui pourrait proposer ces changemens ?

Messieurs les ministres, vous n'en avez pas le droit. Qui pourrait les admettre? Messieurs les députés, fussiez-vous même réunis dans vos vœux à la chambre des pairs, soutenus encore par messieurs les ministres, vous n'en avez pas la puissance. Députés pour consentir les grandes mesures annuelles d'administration générale, vous n'êtes pas le Souverain. La voix souveraine réside dans la majorité des suffrages des membres de la cité. Votre omnipotence parlementaire prétendue n'est fondée sur aucun principe. Vous n'existez que par la la Charte. Loin de la pouvoir enfreindre, votre devoir est de lui obéir, de lui rester fidèles.

CONCLUSION.

L'accroissement des lumières rejette les divisions des gouvernemens en celui d'un seul, de plusieurs, et de tous; il rejette aussi leur confusion, leur amalgame.

Le gouvernement d'un peuple se compose de l'ensemble de ses institutions.

Ainsi que l'ont avancé naguère plusieurs de nos sages, il n'est que deux sortes de gouvernemens :

L'un légitime, quel qu'il soit, qui est l'expression du consentement libre de la masse, et celui qui n'est que le produit d'une force aveugle, de circonstances éphémères.

Parmi les gouvernemens légitimes, il en est dont les institutions n'ont pas encore atteint toute la hauteur des découvertes sur l'art social, fruit de l'accroissement des lumières.

Puissent-ils, éclairés sur leurs propres intérêts, et pour le repos de leurs voisins, adopter tous principes de justice, de sagesse, d'ordre, de bienveillance générale, et d'un respect mutuel ; rejetant tous sentimens d'orgueil, de domination, de cupidité, de prétendue suprématie.

Plutôt moins de richesses et plus de vertus !

Que toutes les parties qui constituent le gouvernement soient le produit de la réflexion la plus profonde. Chacune distincte, calculée d'après l'objet qu'elle doit remplir, se coordonnant avec l'ensemble, et marchant le plus directement vers le but commun d'un bien-être public.

Je me résume.

Le principe de la société est dans sa souveraineté. Elle repose dans son contrat, qui toujours doit dépendre *des suffrages libres* des membres de la cité, devant toujours pouvoir légalement être appelés, être émis.

Les gouvernemens des peuples se composent de l'ensemble de leurs institutions, devant être créées par leurs contrats.

Leur principe est dans leur parfaite obéissance au contrat, à la Charte, qui les a fondés.

———

J'aurais pu éviter tant de discussion, trop souvent pénible.

J'ai dit :

« Une société est une mise en commun,
» une association entre plusieurs, dans un but
» fixé. Se proposant un mutuel avantage, ils
» se réunissent de leur plein gré, libres de
» toute contrainte. Ils spécifient les conditions
» auxquelles ils s'allient, l'objet qu'ils se pro-
» posent, et déterminent les moyens de l'ob-
» tenir. »

J'aurais pu me contenter d'ajouter :

« Ces moyens déterminés, la société cesse-
» t-elle d'être maîtresse d'elle-même, pour
» (ses membres) ne plus appartenir qu'aux
» moyens qu'elle vient de créer, ou ces moyens
» lui doivent-ils rester subordonnés, pour être
» dirigés, réparés, recréés à son gré ?

» Il n'est plus de société si la masse ne reste
» maîtresse du contrat qui doit spécifier son
» gouvernement. »

Alors, toujours juste, et s'améliorant sans
cesse, dans son à-plomb constant, il cimente
le bien-être, le perfectionnement, la moralité
des générations successives.

FRANCLIEU.

POST SCRIPTUM.

Je parle humanité, patrie! tout ce qui s'y rattache
doit être de mon sujet. Une singulière proposition de
sang-froid nous est faite. Je demande la permission de
consigner ici l'étonnement, *l'indignation* que j'é-
prouve.

En la Revue Encyclopédique , octobre 1823 ,
page 65, au rapport qu'y fait M. Ch. Dupin , membre de l'Institut , du parallèle entre l'Angleterre et
la Russie , par M. de Pradt , je lis :

« *Qu'il n'est plus en Europe que ces deux États*
» *qui soient indépendans , les autres passant sous*
» *leur protection , dans leur vasselage.*

» *La première de ces deux puissances n'a plus*
» *de rivaux sur mer. Elle prospère par tous les*
» *avantages que procurent les institutions , la li-*
» *berté : l'Angleterre est l'ouvrage et la mesure de*
» *la civilisation. De son exemple, il résulte que* l'art

» d'être heureux consiste à ne faire que du bien aux
» autres, et à ne suivre que la voix de la raison.

 » *La seconde, la Russie, sans rivaux sur terre,*
» *domine avec toute la force que donnent la double*
» *suprématie religieuse et politique, l'obéissance*
» *illimitée d'une armée innombrable, et la sévérité*
» *d'une discipline aristocratique, qui régit avec*
» *un même arbitraire le peuple et les grands, les*
» *soldats et les citadins.* »

 Entre les deux protectorats *obligés*, dont il im-
pose l'alternative, M. de Pradt *conseille à la France*
de choisir *l'Angleterre, de se déclarer en sa dé-*
pendance.

 Sans doute, *l'art d'être heureux consiste à faire*
le bien, à ne suivre que la voix de la raison ; mais,
cette conduite est-elle celle de l'Angleterre ? Je n'hé-
site pas à affirmer le contraire.

 L'Angleterre offre deux parties distinctes ; le
peuple et son gouvernement. Le peuple est généralement éclairé, intelligent, généreux, magnanime.
Il est fait, il est placé pour être l'allié, l'ami du
peuple français : tous deux se doivent soutien, bienveillance et respects mutuels.

 A mes yeux (comme il doit l'être aux yeux de tous)
son gouvernement, loin d'être le produit de la raison,
est l'œuvre du machiavélisme ; sa foi est punique ;
sa conduite est ourdie par la fausseté et la perfidie.

 Ces élémens fondent sa puissance. Au dedans, son
opposition (Devrait-il y avoir une opposition déterminée ? L'homme probe appuie toute idée sage,

quelque soit celui qui la propose.) son opposition, dis-
je, est une marote jetée devant le peuple à l'effet d'é-
touffer toute juste réclamation. A sa tête est toujours
un prince de la famille royale, qui se fait marchand de
poissons. Il est tout prêt, si son intérêt l'y appelle, à
passer sur le banc opposé. Il crie bien fort, pour au
besoin assourdir et paralyser la voix du peuple.

Au dehors. Au moyen du commerce, souple il
s'insinue dans l'Inde ; il en divise les gouvernemens, les familles : intrigant, il les arme les uns
contre les autres, et les inondant de sang, il les
asservit.

Il s'empare du Canada, saisit les flottes de ses al-
liés; prend Malte ; protége l'Illyrie et s'en empare.
Il livre Parga au monstre qu'elle abhorre. Il porte
assistance au musulman farouche, et propose au
Grec de le prendre pour appui.

En ces jours récens, un M. Canning, son ministre,
en ses repas, porte à la liberté des toast publics. Il
couvre Lisbonne de ses ailes, et lui-même en détruit le
gouvernement. Il était neutre en la guerre d'Espagne,
et son ambassadeur, un M. W. A. Court reçoit toutes
les faveurs de la Sainte-Alliance, pour prix de son
adresse à tromper les partis. Aujourd'hui, il feint de
nouvelles inquiétudes ; il feint de reconnaître les
nouveaux États indépendans de l'Amérique du Sud ;
il craint que son commerce y puisse être troublé ;
il va s'y impatroniser pour les aider au besoin, pour
les défendre ainsi qu'il a défendu l'Inde, Parga,
Lisbonne et l'Illyrie.

Il leur rendra *Iturbide.*

Sous des prétextes vains , il augmente le nombre de ses troupes de terre soldées. Au besoin , il en *protégera* le peuple anglais lui-même. Il se dit prêt à s'élever contre la Sainte-Alliance... Il en est la cheville ouvrière dissimulée.

J'ajouterai une question.

Quels fonds secrets soldèrent en France Robespierre, ses suppôts et ses crimes ?

Partout le gouvernement anglais étend ses intrigues, suscite les guerres et les révoltes.

Il divisa les beys d'Egypte et s'en est fait chasser par Mohamed-Aly.

La France baisser devant le gouvernement anglais un front humilié! s'en déclarer protégée ! je crois voir un géant sous la conduite d'un nain boursoufflé. La grandeur de l'Angleterre est factice. Moins colossale, elle serait réelle , si concentrée dans ses trois royaumes, sous des lois les mêmes pour chacun , elle reposait sur le travail , l'industrie, les lumières, les vertus de ses habitans, et vis-à-vis de l'étranger dans des communications franches, amies, et non dominatrices.

Telle que l'a faite Pitt, telle que la fait M. Canning, j'estime l'Angleterre une grenouille enflée dont la duplicité doit amener la perte.

Quand la France le voudra , son pavillon sur mer sera chéri de tous, sera de tous respecté.

Pour la Russie, elle prépare ses rets, elle étend ses filets; forte de son autocratie automatique, forte des divisions, des guerres, des partis excités à dessein entre nous , à l'effet nous-mêmes de nous détruire.

Je vous eusse applaudi, M. de Pradt, si, selon moi, vous bornant au vrai, vous eussiez dit :

« Peuples d'Europe, si vous ne rejetez les chaînes
» qui vous sont présentées, si vous persistez dans le
» système qu'ont forgé et cimenté les divers congrès
» de Vienne, de Calrsbad, de Leybach, vous refu-
» sant aux institutions que réclament nos lumières
» acquises, Londres et Pétersbourg réunis vont
» vous asservir ; tandis que bientôt se disputant entre
» eux, ainsi que vous, Albion, nouvelle *Carthage*,
» sera renversée. »

Ces mots simples, ces points de fait, peut-être nous eusssent dessillé les yeux.

Mais, incertain des événemens, tandis que nous *révons* encore le bien-être de notre *patrie*, froidement *à notre belle France* proposer l'esclavage, quand elle peut encore trouver en son sein tous les genres de *moralité*, de *sagesse*, de *prospérité*, de *gloire réelle* et d'*énergie!* nous annoncer que tout est consommé*!* nous livrer à l'*Angleterre!* nous venir dire que son gouvernement est l'œuvre et la mesure de la civilisation, qu'il est bienfaisant et ne suit que la voix de la raison, c'est abuser de vos talens, *c'est nous tromper.*

Sous son protectorat jaloux, avide et faux, vous voulez donc nous apporter la honte, voir tomber notre agriculture, nos arts, notre industrie, nos connais-sances, notre génie, et jusqu'aux murs de nos cités.

Nous serions Français, comme jadis les Romains au temps du renversement de leur empire; nous *serions Parias* !

Ah ! loin d'y souscrire, loin de l'annoncer, loin de le prédire, s'il se peut, sauvons-nous des ravages du temps. La civilisation sans doute fut posée en Afrique, puis elle gagna l'Asie; du levant au couchant elle a parcouru l'Europe. S'envolerait-elle maintenant au plaines de l'Amérique, pour nous laisser inertes, dégradés, stationnaires sous un despotisme avili ?

Pour rompre ces malheureux pronostics M. Ch. Dupin nous conseille des alliances. Je suis d'un avis différent. Je m'écrie (1) :

» France, ne te confie qu'en-toi. Qu'as-tu besoin » d'assistance combinée ! juste, magnanime, assez tu » peux compter sur l'assistance généreuse des hommes » grands sous tous les hémisphères. »

» Aie-s-en la volonté, et tu sauras te suffire à toi » même ».

Nous-mêmes conjurons tant de maux. Disons quel principe social doit nous servir de base.

La stricte obéissance du gouvernement à la charte par laquelle il est fondé : sans laquelle il n'est plus.

Relativement à la Russie, relativement à tout autre, pour toi-même, adopte, *ó ma patrie*, ces vœux que depuis long-temps, que depuis 1795, je t'adresse sans cesse :

Avant vingt années sans congédier successivement une seule de tes milices soldées, ordonne qu'atteignant sa dix-huitième année, chacun de tes enfans dès ce moment soit instruit du maniement des armes, des principes des évolutions militaires.

Ces exercices plaisent à leur jeunesse.

A l'avance, préparés et dispos, vis-à-vis de l'ennemi extérieur, classés par âges, au besoin réunis au nombre de sept millions, à tes pieds sacrés déposant leurs massues, au sein des arts, en présence d'un *Dieu bon*, ils cimenteront ta force, t'assureront existence, confiance, sécurité.

Des nations tes égales, à l'abri des caprices du sort, tu sauras mériter l'estime et l'amitié.

Au besoin tu leur serviras d'abri, *TU LEUR SERVIRAS DE MODÈLE !*

---

(1) Cette demande textuelle de ma part semblera peut-être opposée à une proposition que j'ai tant de fois renouvelée, *d'un Congrès permanent* auquel toute nation serait toujours appelée à envoyer trois députés, dont un serait changé tous les trois ans.

Je dois m'expliquer : il n'y a pas contradiction dans mes idées. Les alliances auxquelles nous invite M. Ch. Dupin seraient partielles. Vis-à-vis de la grande masse des peuples du monde elles formeraient en quelque sorte une coterie, tandis que, vu les opinions différentes, qu'en ce moment professent nos divers publicistes, et qui se froissent autour de nous, il serait possible que, nous trompant, nous fissions précisément *alliance* avec des peuples dont l'esprit particulier tournerait à notre perte.

Par mon projet d'un *Congrès permanent général*, (qui, ce me semble, serait admis sur-le-champ par un premier nombre de peuples suffisant, s'il était proposé par un gouvernement sage *à mon avis*),

Notre alliance en masse pouvant embrasser l'ensemble du monde, serait le produit de la réflexion, de la sagesse, de la magnanimité, et le fruit d'une raison universelle.

FIN.

www.ingramcontent.com/pod-product-compliance
Lightning Source LLC
Chambersburg PA
CBHW061122050726
47594CB00005B/2050